Impressum
Verlag: BABADADA GmbH, Nedderfeld 112 , 22529 Hamburg
Geschäftsführer / Verlagsleitung: Harald Hof
Druck: Books on Demand GmbH, In de Tarpen 42, 22848 Norderstedt

Imprint
Publisher: BABADADA GmbH, Nedderfeld 112 , 22529 Hamburg, Germany
Managing Director / Publishing direction: Harald Hof
Print: Books on Demand GmbH, In de Tarpen 42, 22848 Norderstedt

1

دبستان

σχολείο

سەف
σχολική τάξη
پارکرن
διαιρώ
186/2
تەختە
πίνακας
حەوشا دبستانێ
σχολική αυλή
مامۆستە
δάσκαλος
کاخەز
χαρτί
نڤیساندن
γράφω
پێنڤیسک
στυλό
ماسە
γραφείο
راستەک
χάρακας
پرتووک
βιβλίο
خوەندەکار
μαθητής

چەوال

σχολική τσάντα

قووتی نڤیستۆک

κασετίνα/ μολυβοθήκη

قەلەمرساس

μολύβι

نڤیستۆک تووژکر

ξύστρα

ژێبر

γόμα

نڤیسکا نیگارێ

μπλοκ ζωγραφικής

نیگار

ζωγραφική

فرچەیا رەنگئ

πινέλο

قووتی رەنگ

κουτί χρωμάτων

مەقەس

ψαλίδι

لەزاق

κόλλα

پەرتووکا فێربوون

τετράδιο ασκήσεων

وەزیفا مالئ

εργασία για το σπίτι

12

هەژمار

αριθμός

2+2

زیئدەکرن

προσθέτω

5-2

دەرخستن

αφαιρώ

2×2

زیئدەکرن

πολλαπλασιάζω

هەسباندن

υπολογίζω

A

تیپ

γράμμα

ABCDEFG HIJKLMN OPQRSTU VWXYZ

نالفابە

αλφάβητο

hello

پەیڤ

λέξη

نڤیسی

κείμενο

خواندن

διαβάζω

گەچ

κιμωλία

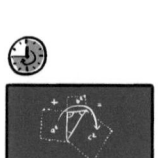

دەرس

μάθημα

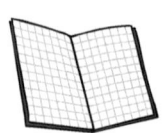

قەیدکرن

εγγράφομαι

ئیمتیهان

τεστ

شەهاده

πιστοποιητικό

کنجا دبستانی

μαθητική στολή

پەروەردەهی

εκπαίδευση

زانستنامه

εγκυκλοπαίδεια

زانینگە

πανεπιστήμιο

میکرۆسکووپ

μικροσκόπιο

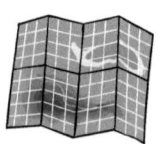

خەریتە

χάρτης

سەبەتا کاخەزی

καλάθι αχρήστων

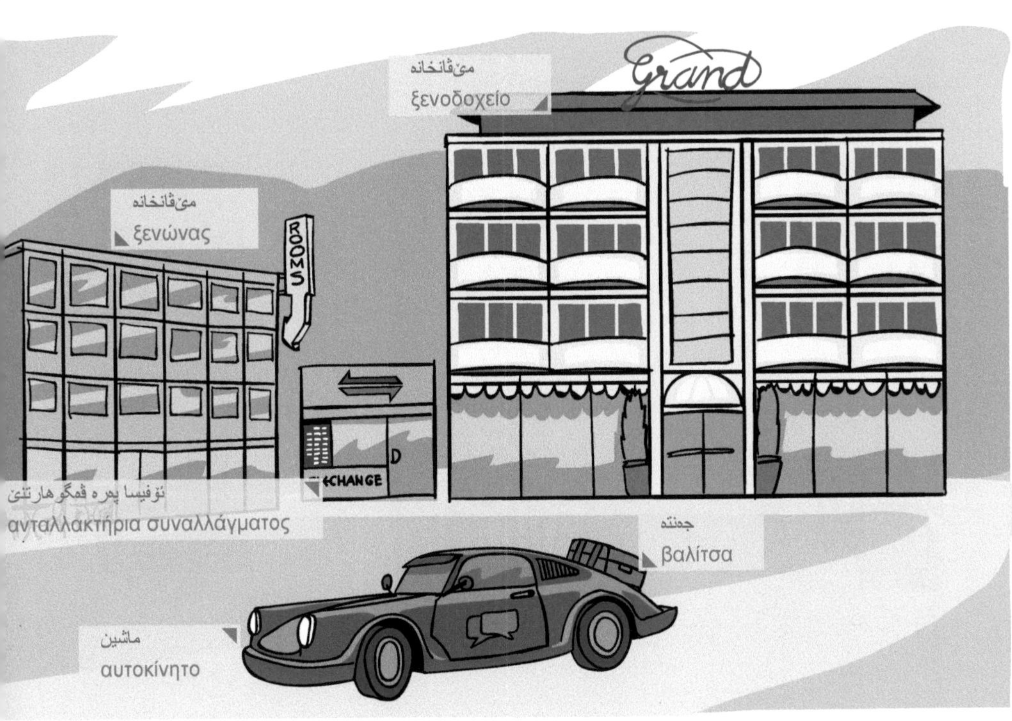
مێڤانخانه
ξενοδοχείο
Grand
مێڤانخانه
ξενώνας
ROOMS
EXCHANGE
ئۆفیسا پەرە ڤەگوهارتنێ
ανταλλακτήρια συναλλάγματος
جەنتە
βαλίτσα
ماشین
αυτοκίνητο

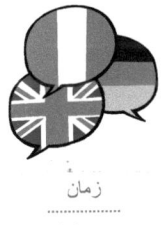

زمان

γλώσσα

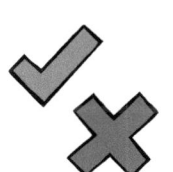

بەلێ / نا

ναι / όχι

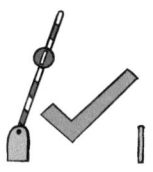

باش

εντάξει

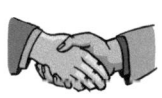

سلاڤ

γεια σου

وەرگێرا نڤیسکی

μεταφραστής

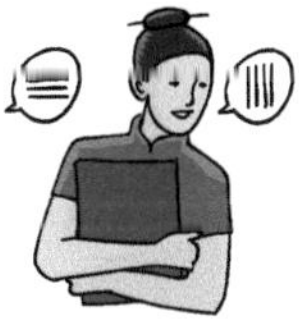

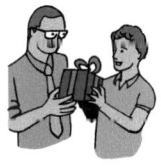

سپاس

Ευχαριστώ

بهایێن ... چ قاسەیە؟

πόσο κάνει ;

ئەز فام ناكم

Δε καταλαβαίνω

ئاریشە

πρόβλημα

ئێڤارباش!

Καλησπέρα!

سپێدی باش!

Καλημέρα!

شەڤ باش!

Καληνύχτα!

خاترێ تە

Αντίο

ئالی

κατεύθυνση

هوورموور

αποσκευές

چەنتە

τσάντα

چەنتە پشت

σακίδιο πλάτης

مێڤان

καλεσμένος

نۆدە

δωμάτιο

جامە خەو

υπνόσακος

چادر

σκηνή

ناگاگیین گەرۆکان

ουριστικές πληροφορίες

رەخنە ناڤن

παραλία

کارتێ قەرزێ

πιστωτική κάρτα

تاشتێن

πρωινό

فراڤن

μεσημεριανό

شێڤ

δείπνο

کارت

εισιτήριο

ئاسانسۆر

ανελκυστήρας

پوول

γραμματόσημο

تخووب

σύνορα

گۆمرک

τελωνείο

باليۆزخانە

πρεσβεία

ڤیزا

βίζα

پاساپۆرت

διαβατήριο

گوهازتن

μεταφορά

فرۆکە
αεροπλάνο
گەمی
πλοίο
ئەرەبە ئاگرکووژ
πυροσβεστικό όχημα
ئۆتۆبووس
λεωφορείο
کامیۆن
φορτηγό
پاپۆرا ماتۆر
ηχανοκίνητο σκάφος
ماشین
αυτοκίνητο
دوچەرخە
ποδήλατο

پاپۆر

φεριμπότ

پاپۆر

βάρκα

مۆتۆرسیکلێت

μοτοσικλέτα

ترمبێلا پۆلیسێ

περιπολικό

ترمبێلا پێشبازیێ

αγωνιστικό αυτοκίνητο

ئەرەبە کرێکرنێ

ενοικιαζόμενο αυτοκίνητο

ماشین بەرقەمکرن

αμοιρασμός αυτοκινήτων

کامیۆنا کشاندنێ

γερανός

کامیۆنا خۆملی

απορριμματοφόρο

مۆتۆرسیکلێت

κινητήρας

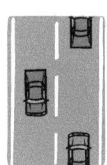

مازۆت

καύσιμο

ئیستەگەھا بەنزینێ

βενζινάδικο

تابلۆیا ترافیکێ

πινακίδα σήμανσης

هاتنووچوون

κυκλοφορία

ترافیک

κυκλοφοριακή συμφόρηση

جهێ پارکێ

χώρος στάθμευσης

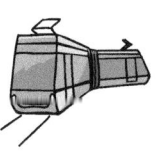

راوستەکا ترێنێ

σιδηροδρομικός σταθμός

رێچ

σιδηροδρομικές γραμμές

ترێن

τρένο

تری‌نێ کۆلانێ

τραμ

ڤەربە

βαγόνι

بابرۆک

ελικόπτερο

بالافرگهه

αεροδρόμιο

برج

πύργος

مسافر

επιβάτης

قووتی

εμπορευματοκιβώτιο

قووتی

χαρτοκιβώτιο

گرگرۆک

καρότσι

سەلک

καλάθι

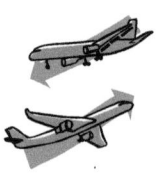

رابوون / نیشتن

απογειώνομαι /
προσγειόνομαι

بازار

πόλη

گوند

χωριό

ناڤەندا بازارێ

κέντρο της πόλης

خانی

σπίτι

سینەما
σινεμά

ڕێکلام
διαφήμιση

چرایی ڕێگا
λάμπα δρόμου

ڕێ، کۆلان
οδός

تاکسی
ταξί

دکان
ψιλικατζίδικο

پیا
πεζός

پیاری
πεζοδρόμιο

ڕێیا دەرباز بوونێ
διάβαση πεζών

قووتی
κάδος απορριμμάτων

ڕێیا دەرباز بوونێ
διασταύρωση

چرایێن ترافیکێ
φανάρια

کۆخ
....
καλύβα

خانی
....
διαμέρισμα

ڕاوەستمکا ترێننێ
....
σιδηροδρομικός σταθμός

نمالرا شارەڤانی
....
δημαρχείο

ررز خانه
....
μουσείο

دبستان
....
σχολείο

زانینگه
πανεπιστήμιο

بانک
τράπεζα

نمخوشخانه
νοσοκομείο

مێهمانخانه
ξενοδοχείο

دهرمانخانه
φαρμακείο

نۆفیس
γραφείο

کتێبفرۆشی
βιβλιοπωλείο

دکان
κατάστημα

گوڵفرۆش
ανθοπωλείο

بازار
σούπερ μάρκετ

بازار
αγορά

سوپهرمارکێت
πολυκατάστημα

ماسیفرۆش
ιχθυοπωλείο

ناڤهندا کڕین
εμπορικό κέντρο

بهندهر
λιμάνι

پارک

πάρκο

سەکوو

παγκάκι

پر

γέφυρα

دەرنجە

σκάλες

ژێر زەردێ

μετρό

توننل

τούνελ

نیستگەها ئۆتۆبووس

στάση λεωφορείου

بار

μπαρ

خوارنگەه

εστιατόριο

سندووقا پۆستێ

γραμματοκιβώτιο

نیشاندەرکا رێیێ

πινακίδα δρόμου

مەترا پارکینگێ

παρκόμετρο

باخچا هەیوانان

ζωολογικός κήπος

هەوزا مەلەڤانێ

πισίνα

مزگەفت

τζαμί

بازار - πόλη

جۆتگەه
....
αγρόκτημα

لەوتاندنا دەردۆر
....
ρύπανση

گۆرستان
....
νεκροταφείο

کەنیسە
....
εκκλησία

ئەردێ لەیستنێ
....
παιδική χαρά

پەرستگەه
....
ναός

تەبیەت

τοπίο

گەلا
φύλλο
نیشاندەرکا رێ
πινακίδα κατεύθυνσης
رێ
δρόμος
مێرگ
λιβάδι
کەڤر
πέτρα
گەرۆک
πεζοπόρος
دار
δέντρο
چەم
ποτάμι
گیا
χορτάρι
گولیلک
λουλούδι

دۆل

κοιλάδα

گر

λόφος

گۆل

λίμνη

دارستان

δάσος

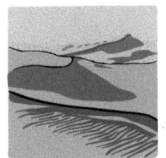

بیابان

έρημος

ڤۆلکان

ηφαίστειο

کەلمە

κάστρο

کەسکەسۆر

ουράνιο τόξο

کڤارک

μανιτάρι

دارقەسپ

φοίνικας

مخمخک

κουνούπι

مێش

μύγα

مێروی

μυρμήγκι

هنگ

μέλισσα

پیرێ

αράχνη

كێزك
σκαθάρι

بۆق
βάτραχος

سهۆر
σκίουρος

ژیژۆک
σκαντζόχοιρος

كهرگوه
λαγός

پهیووک
κουκουβάγια

چڤیک
πουλί

قوو
κύκνος

بهرازێ كێڤی
αγριογούρουνο

پهزكێڤی
ελάφι

پهزكێڤی
άλκη

بهنداڤ
φράγμα

توربینا با
ανεμογεννήτρια

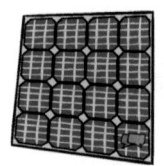

پانهلا خۆرێ
ηλιακός συλλέκτης

ناڤ و ههوا
κλίμα

16

تهبیعهت - τοπίο

خوارنگه

εστιατόριο

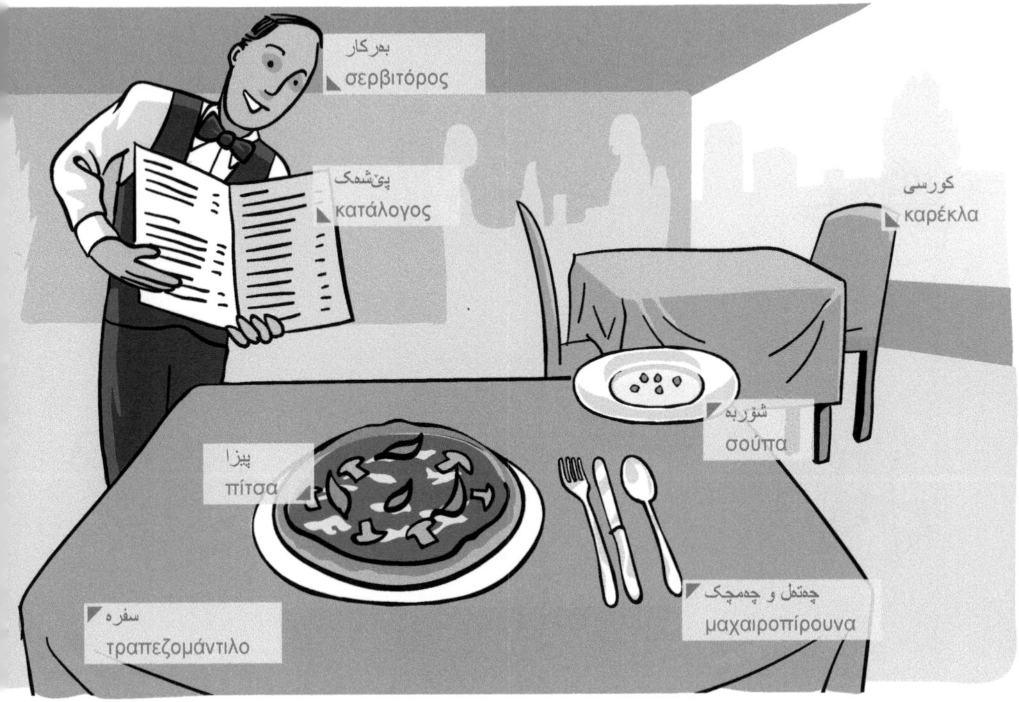

بەرکار
σερβιτόρος
پێشەک
κατάλογος
کورسی
καρέκλα
شۆربە
σούπα
پیزا
πίτσα
چەتەل و چەمچک
μαχαιροπίρουνα
سفرە
τραπεζομάντιλο

خوارنا دەستپێک

ορεκτικό

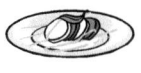

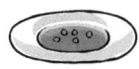

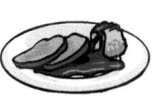

خوارنا سەرەکی

κύριο πιάτο

شیرانی

επιδόρπιο

ڤەخوارنان

ποτά

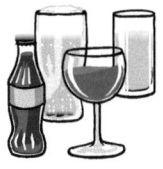

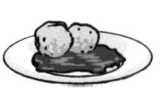

خوارن

φαγητό

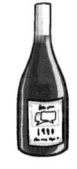

جام

μπουκάλι

خواردنا لەز

φαστ φουντ

خواردنا رێیێ

φαγητό στ' όρθιο

چایدانک

τσαγιέρα

قووتی شەکری

δοχείο ζάχαρης

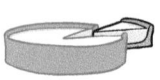

بەش

μερίδα

ممکینا چێکرنێ ئەسپرەسسۆ

μηχανή εσπρέσο

کورسیا بلیند

ψηλή καρέκλα

هەساب

λογαριασμός

سێنی

δίσκος

کێر

μαχαίρι

چەتەل

πιρούνι

کەفچی

κουτάλι

کەفچیا چای

κουταλάκι του τσαγιού

پێشگیر

πετσέτα φαγητού

قەدەحە

ποτήρι

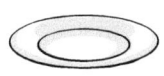

تەبقک

πιάτο

تەبقکا شۆربە

πιάτο σούπας

پیالە

πιατάκι φλιτζανιού

چێنج

σάλτσα

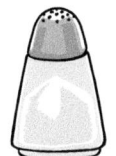

خوێدانک

αλατιέρα

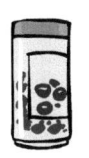

قووتی بیبار

μύλος για πιπέρι

سێنک

ξύδι

رۆون

λάδι

بەهارات

μπαχαρικά

کەتچاپ

κέτσαπ

مۆستارد

μουστάρδα

مایۆنێز

μαγιονέζα

پێشکێشکردن تایبەت
προσφορά

مشتری
πελάτης

FOR

شیر مەمنی
γαλακτοκομικά προϊόντα

فێرکی
φρούτα

نەرم مێه
καρότσι για ψώνια

قصابی
كreopولείο

دكانا نانپژ
φούρνος

ومزن كرن
ζυγίζω

سەبزە
λαχανικά

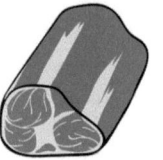

گۆشت
κρέας

خوارنن جمهمدی
κατεψυγμένα τρόφιμα

گۆشتی سار

αλλαντικά

خواردنی پیلێ

κονσερβοποιημένη τροφή

خووباری پاقژکردنی

απορρυπαντικό ρούχων

شرینی

γλυκά

بەرهەمێن ناڤخۆیی

οικιακά είδη

بەرهەمێن پاقژکردنی

καθαριστικά προϊόντα

فرۆشیار

πωλήτρια

خەزنۆک

ταμείο

درافگر

ταμίας

لیستا کرینێ

λίστα για ψώνια

دەمێن قەمکری

ωράριο λειτουργίας

جزدان

πορτοφόλι

کارتێ قەرزی

πιστωτική κάρτα

چەوال

τσάντα

چەنتە

πλαστική σακούλα

ناف
νερό

شەریبەت
χυμός

شیر
γάλα

کۆمر
κόκα κόλα

شەراب
κρασί

بیرا
μπίρα

ئالکۆل
αλκοόλ

کاکۆ
κακάο

چای
τσάι

قەهوه
καφές

ئەسپرەسسۆ
εσπρέσο

کاپۆچینۆ
καπουτσίνο

مؤز

μπανάνα

سێڤ

μήλο

پرتەقاڵی

πορτοκάλι

گوندۆر

πεπόνι

لیمۆن

λεμόνι

گێزەر

καρότο

سیر

σκόρδο

قامر

μπαμπού

پیاز

κρεμμύδι

قارچک

μανιτάρι

گوێز

ξηροί καρποί

شهیره

νουντλς

سپاگێنتی
μακαρόνια

برنج
ρύζι

سەلەتە
σαλάτα

چیپس
πατατάκια

پەتاتەیا براشتی
τηγανητές πατάτες

پیزا
πίτσα

هامبورگەر
χάμπουργκερ

نانۆک
σάντουιτς

گۆشتی ستوویی بەرخی
κοτολέτα

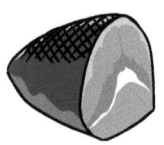

گۆشتی هەشککری
ζαμπόν

سالامی
σαλάμι

سۆسیس
λουκάνικο

مریشک
κοτόπουλο

بژارتن
ψητό

ماسی
ψάρι

شۆربه بلوول

χυλός βρώμης

مووسلی

μούσλι

كەرتۆن گلگلان

κορν φλέικς

نارد

αλεύρι

جرۆسسانت

κρουασάν

سەموون

ψωμάκι

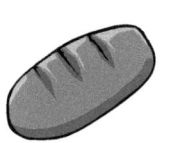

نان

ψωμί

تۆست

τοστ

نانک

μπισκότα

نۆیشک

βούτυρο

ماست

τυρόπηγμα

کولیچه

κέικ

هێک

αυγό

هێکا قەلاندی

τηγανητό αυγό

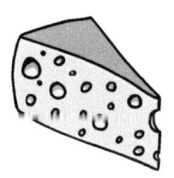

پەنیر

τυρί

دۆندرمە

παγωτό

شەکر

ζάχαρη

هەنگوین

μέλι

مرەبا

μαρμελάδα

خامەیا نۆوگات

άλλειμμα σοκολάτας

کوری

κάρυ

جۆتگەه

αγρόκτημα

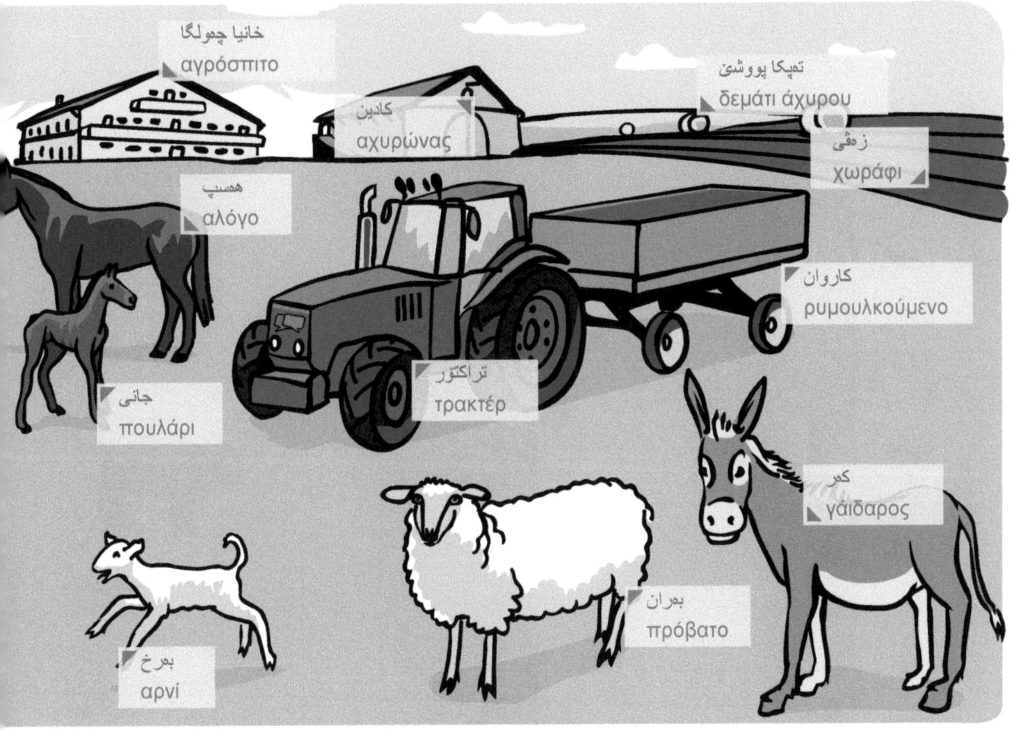

خانیا چولگا
αγρόσπιτο
کادین
αχυρώνας
تەپکا پووشێ
δεμάτι άχυρου
زەڤی
χωράφι
هەسپ
αλόγο
کاروان
ρυμουλκούμενο
تراکتور
τρακτέρ
جانی
πουλάρι
کەر
γάιδαρος
بەران
πρόβατο
بەرخ
αρνί

بزن

κατσίκα

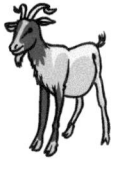

چێلەک

αγελάδα

گولک

μοσχαράκι

بەراز

γουρούνι

خنزیرک

γουρουνάκι

بوخە

ταύρος

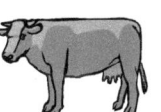

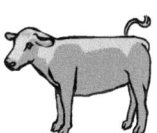

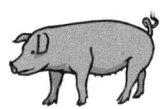

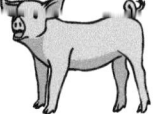

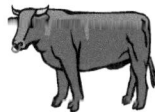

قاز

χήνα

مراڧى

πάπια

جووچک

κοτοπουλάκι

مریشک

κότα

کەڵەشێر

κόκορας

جرج

αρουραίος

کتک

γάτα

مشک

ποντίκι

گا

βόδι

کووچک

σκύλος

خانیا کووچکێ

σπιτάκι σκύλου

خانی باخێ

λάστιχο κήπου

قووتیکا ئاڤدانێ

ποτιστήρι

شالووک

θεριστήρι

گاسن

αλέτρι

داس

δρεπάνι

مەربێز

τσάπα

دارساپیک

δίκρανο

بڕ

τσεκούρι

دەستگەرە

χειράμαξα

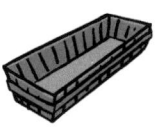

قووتی خوارنا جانداران

ταΐστρα

قووتی شیر

δοχείο γάλακτος

توور

σάκος

چپەر

φράχτης

ناخور

στάβλος

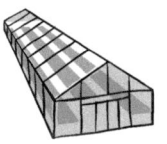

خانا کولیلکان

θερμοκήπιο

ناخ

έδαφος

دەندک

σπόρος

پەیین

λίπασμα

کۆمباین

θεριζοαλωνιστική μηχανή

ز اد

θερίζω

ز اد

συγκομιδή

پەتاتە

γιαμς

گەنم

σιτάρι

فاسۆلى

σόγια

پەتاتە

πατάτα

دەخل

καλαμπόκι

دندک

κράμβη

دارئ فێنکى

οπωροφόρο δέντρο

سیڤئ بن ئەردئ

μανιόκα

ز اد

δημητριακά

جۆتگە - αγρόκτημα

خانى

σπίτι

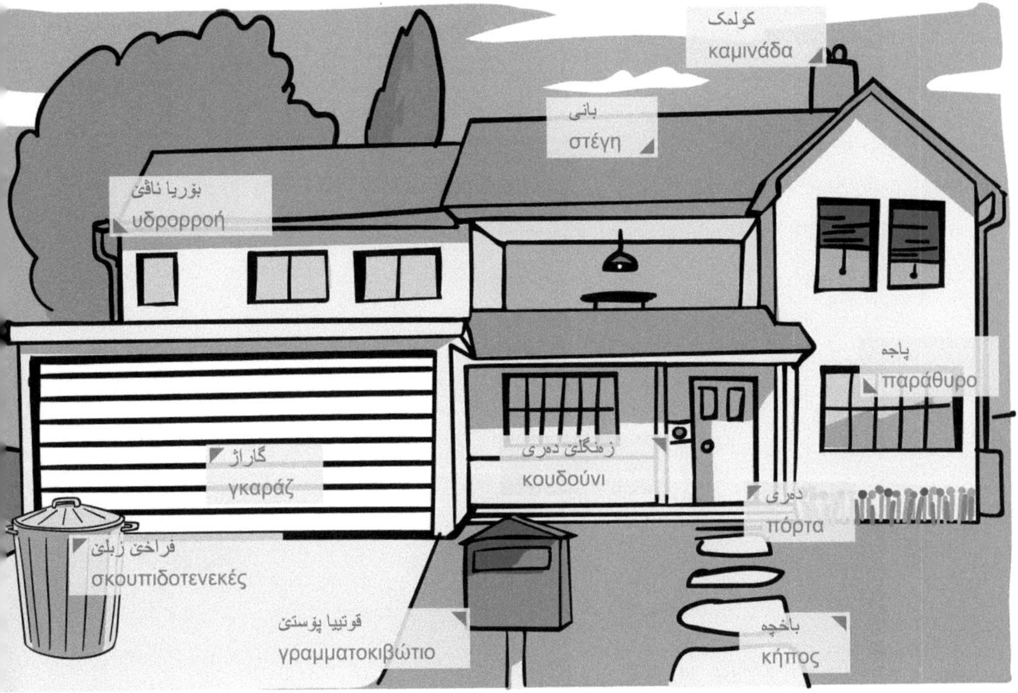

کولەک
καμινάδα
بانی
στέγη
بۆریا ئاڤێ
υδρορροή
پاجە
παράθυρο
زەنگلێ دەرێ
κουδούνι
گاراژ
γκαράζ
دەرێ
πόρτα
فراخێ زبلێ
σκουπιδοτενεκές
قوتییا پۆستێ
γραμματοκιβώτιο
باخچە
κήπος

ئۆدا روونشتنێ

σαλόνι

هەمام

μπάνιο

مەتبەخ

κουζίνα

ئۆدا خەوێ

υπνοδωμάτιο

ئۆدەیا زارۆک

παιδικό δωμάτιο

ئۆدا شیڤێ

τραπεζαρία

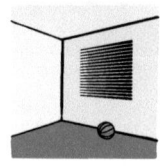

بنی

πάτωμα

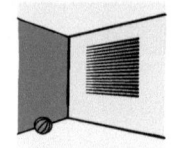

دیوار

τοίχος

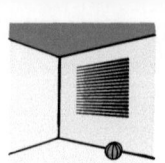

بهربان

οροφή

خمنزک

κελάρι

ساونا

σάουνα

بالكۆن

μπαλκόνι

بهردانک

βεράντα

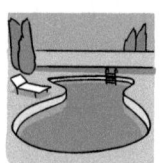

هەوزا مەلەقانی

πισίνα

چیمەن بڕ

μηχανή του γκαζόν

مەلهەفە

σεντόνι

بەتانی

κάλυμμα κρεβατιού

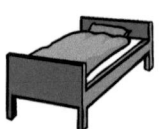

نڤین

κρεβάτι

گەزک

σκούπα

ساتل

κουβάς

کلیل

διακόπτης

كاخەزێ دیوار
ταπετσαρία

لامپا
λάμπα

وێنە
φωτογραφία

دۆلاب
ντουλάπι

رەف
ράφι

تەلەڤیسیۆن
τηλεόραση

ناگردان
τζάκι

سەرین
μαξιλάρι

گوّلێلک
λουλούδι

قەنەپە
καναπές

گوّلدانک
βάζο

کۆنترۆلا دوور
τηλεκοντρόλ

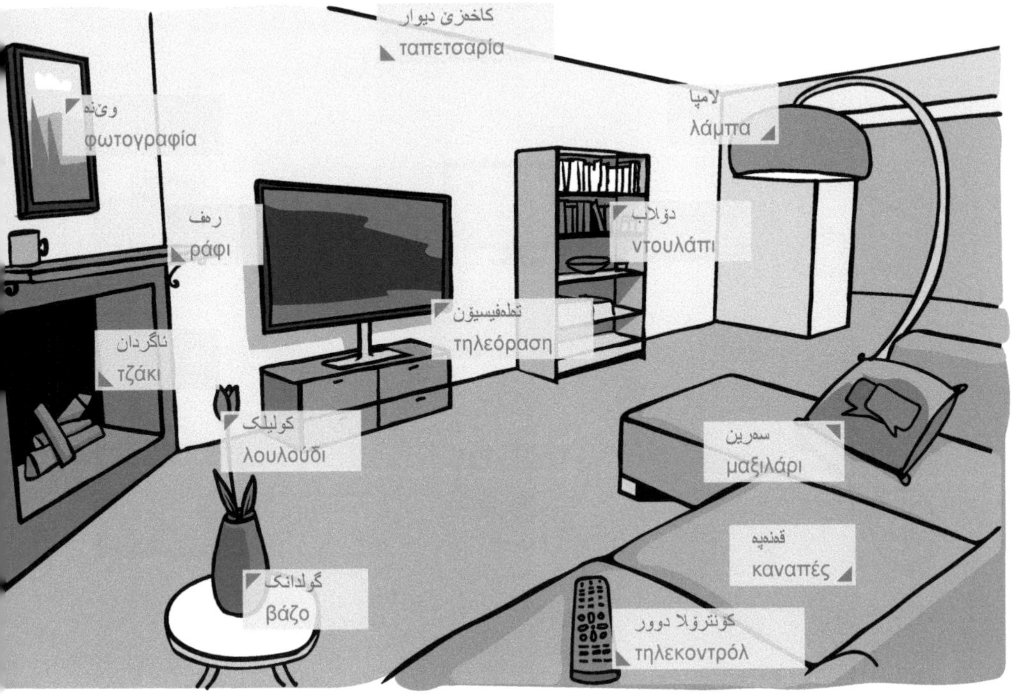

خالیچە
χαλί

پەردە
κουρτίνα

مێز
τραπέζι

کورسی
καρέκλα

کورسیا هەژّانۆک
κουνιστή πολυθρόνα

کورسی
πολυθρόνα

پەرتووک

βιβλίο

بەتانى

κουβέρτα

خەملاندن

διακόσμηση

ئێزنگ

καυσόξυλα

فیلم

ταινία

هـف

στερεοφωνικό σύστημα

کلیل

κλειδί

رۆژنامە

εφημερίδα

نیگار

πίνακας ζωγραφικής

پۆستەر

αφίσα

رادیۆ

ραδιόφωνο

دەفتەر

σημειωματάριο

سڵنکا نملەکتریکی

ηλεκτρική σκούπα

کاکتووس

κάκτος

مۆم

κερί

34   نۆدا روونشتنئ - σαλόνι

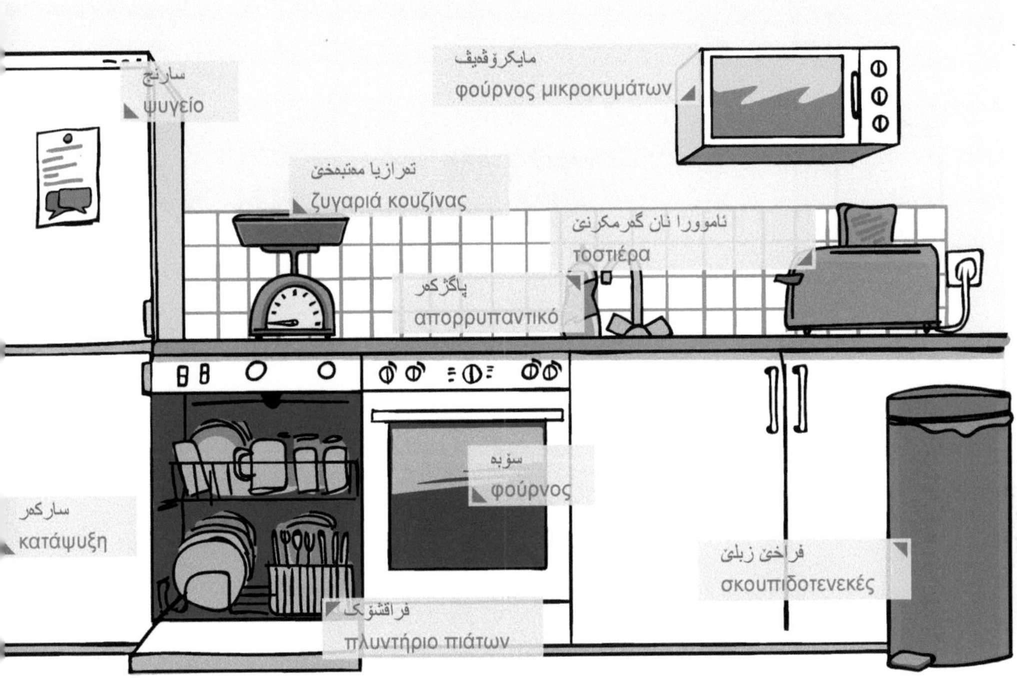
سارنج
ψυγείο
مایکرۆڤەیف
φούρνος μικροκυμάτων
تەرازیا مەتبەخێ
ζυγαριά κουζίνας
ئامووڕا نان گەرمکرنێ
τοστιέρα
پاگژکەر
απορρυπαντικό
سۆبە
φούρνος
سارکەر
κατάψυξη
فراخێ زبلێ
σκουπιδοτενεκές
فراقشۆک
πλυντήριο πιάτων

سۆبە

κουζίνα

ئامان

κατσαρόλα

ئامانێ ئووتوو

μαντεμένια κατσαρόλα

فراقێ مەزن

γουόκ/καντάι

دیزک

τηγάνι

کەلینک

βραστήρας

فراقی هلمن

ατμομάγειρας

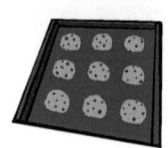

سینی نانن

ταψί

فراق

πιατικά

پیاله

κούπα

کاسک

μπολ

داری نانخوارن

ξυλάκια

همسک

κουτάλα

کەفچیا مەزن

σπάτουλα

رینمک

ανακατεύω

کەفگیر

σουρωτήρι

بۆژنگ

σουρωτηράκι

رەشکەر

τρίφτης

دستار

γουδί

براشتن

ψησταριά

ناگری ڤالا

ανοιχτή φωτιά

تەختەیبا برینێ
....
σανίδα κοπής

داركێ تیرێ
....
πλάστης

دەفكـ بادەمك
....
ανοιχτήρι φελλών

قورتی
....
κονσέρβα

قوورتیفكمكر
....
ανοιχτήρι κονσέρβας

جاوێ ئامانان
....
γάντι φούρνου

دەستشۆ
....
νεροχύτης

فرچە
....
βούρτσα

پارازۆا
....
σφουγγάρι

تەفڕێز
....
μπλέντερ

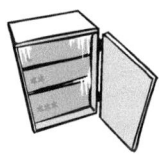

سارکەرێ جەمەدی
....
καταψύκτης

شووشە بەبكان
....
μπιμπερό

هەندەفی
....
βρύση

خمتبمخ - κουζίνα   37

هەمام

μπάνιο

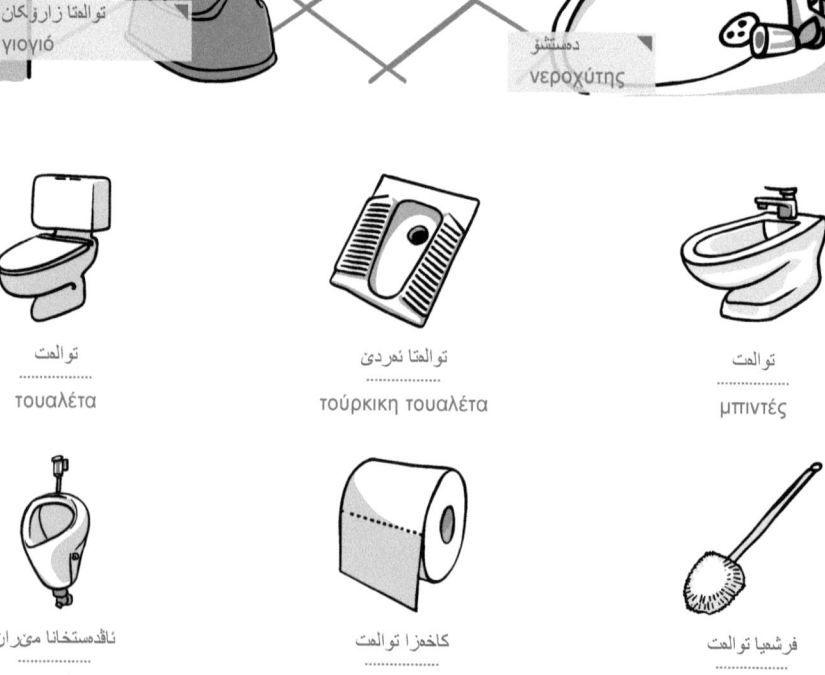

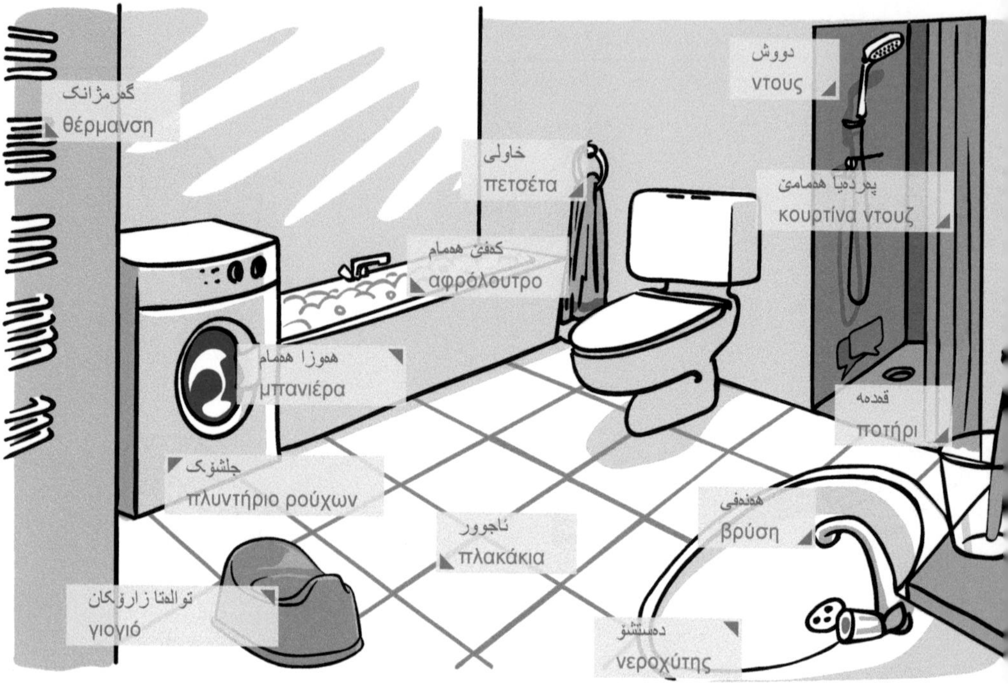

گەرمژانک
θέρμανση
خاولی
πετσέτα
دووش
ντους
پەردەیا هەمامێ
κουρτίνα ντουζ
کەفێ هەمام
αφρόλουτρο
هەوزا هەمام
μπανιέρα
قەدەح
ποτήρι
جلشۆک
πλυντήριο ρούχων
ئاجوور
πλακάκια
هەنەفی
βρύση
توالەتا زارۆکان
γιογιό
دەستشۆ
νεροχύτης

توالەت

τουαλέτα

توالەتا ئەردی

τούρκικη τουαλέτα

توالەت

μπιντές

ئاڤدەستخانا مێزان

ουρητήριο

کاخەزا توالەت

χαρτί υγείας

فرشەیا توالەت

πιγκάλ

فرچەیا دران

οδοντόβουρτσα

ممجوونا دران

οδοντόκρεμα

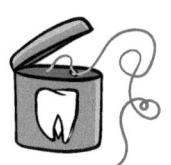

نەخا ددان

οδοντικό νήμα

شووشتن

πλένω

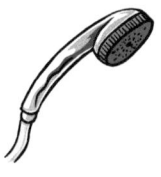

دووشئ دەستئ

τηλέφωνο ντους

دووش

ντουσιέρα

دەستشوٚ

λεκάνη

فرچا پشت

βούρτσα πλάτης

سابوون

σαπούνι

جەئلئ هەمام

αφρόλουτρο

شامپوٚ

σαμπουάν

فانیلە

φανέλα

زێراب

σιφόνι

بۆنی خوشگر

αποσμητικό

كرێم

κρέμα

مریٚک

καθρέφτης

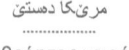

مریٚکا دەستیٚ

καθρέφτης χειρός

گوٚوزان

ξυραφάκι

کەفیٚ تەراشینیٚ

αφρός ξυρίσματος

مەمجوٚونا پشتی تەراشینیٚ

αφτερσέιβ

شەنە

χτένα

فرچە

βούρτσα

پۆر هیشککر

σεσουάρ

سپرایا پۆریٚ

λακ

کۆزمەتیک

μακιγιάζ

سۆرافك

κραγιόν

رەنگیٚن نینۆک

βερνίκι νυχιών

پەمبووە

βαμβάκι

مەقەستا نینۆک

ψαλίδι νυχιών

پارفووم

άρωμα

چموالئ همامئ
نەسەسەر
νεσεσέρ

کورسیا بۆپشت
σκαμπό

تەرازی
ζυγαριά

کنجا همامئ
μπουρνούζι

لمپکا لاستیکئ
ελαστικά γάντια

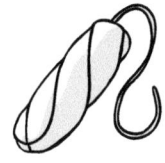

تامپۆن
ταμπόν

خاولیا پاقژکرنئ
πετσέτα υγιεινής

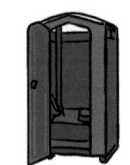

توالەتا کیمییەوی
χημική τουαλέτα

ئۆدەیا زارۆک

παιδικό δωμάτιο

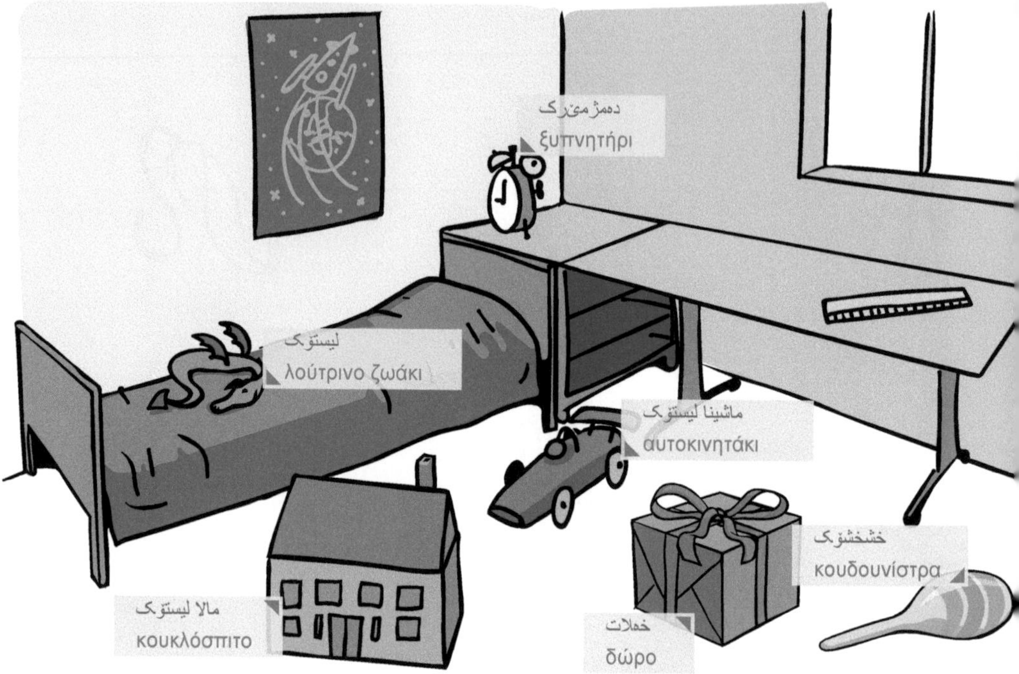
دەمژمێرک
ξυπνητήρι
لیستۆک
λούτρινο ζωάκι
ماشینا لیستۆک
αυτοκινητάκι
خشخشۆک
κουδουνίστρα
مالا لیستۆک
κουκλόσπιτο
خەلات
δώρο

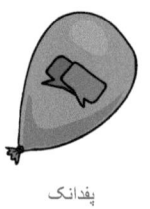

پفدانک

μπαλόνι

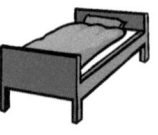

نڤین

κρεβάτι

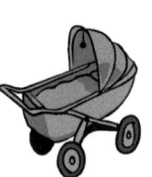

کۆچک

καροτσάκι

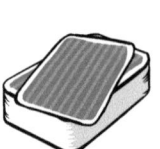

لیستکا کارتێ

τράπουλα

فریزبی

παζλ

SUPER
MEGA

کۆمیک

κόμικς

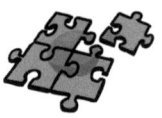

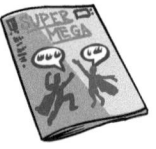

ناجوورا لێگۆ

τουβλάκια lego

ناجوورا لیستۆک

τουβλάκια κατασκευών

بووکە شووشە

φιγούρα δράσης

کنجا بەبکان

βρεφικό φορμάκι

فرزبیێ

φρίσμπι

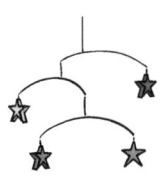

قەگۆهەستن

μόμπιλο

لیستکێن تەمخته

επιτραπέζιο παιχνίδι

مۆر

ζάρια

مۆدێلا ترێنێ

σετ τρενάκι

مەمک

πιπίλα

جەژن

πάρτι

کتێبا وێنە

εικονογραφημένο βιβλίο

تۆپ

μπάλα

بووگە شووشە

κούκλα

لەییسن

παίζω

كونا خيزئ

σκάμμα με άμμο

جۆلانه

κούνια

لیستوكان

παιχνίδια

لیستكا ڤیدەۆیی

κονσόλα βιντεοπαιχνιδιών

سێچەرخە

τρίκυκλο

هەرچا لیستۆک

αρκουδάκι

جلدانك

ντουλάπα

گۆرە

κάλτσες

گۆرە

καλτσοδέτες

دەرپیێگۆرئ

καλσόν

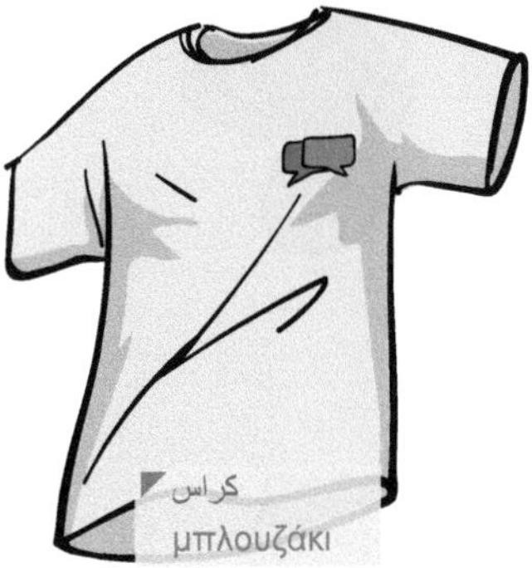

شال
κασκόλ

چتر
ομπρέλα

قايش
ζώνη

كراس
μπλουζάκι

شمكال
μπότες

سۆلكن ناڤ مالئن
παντόφλες

سۆلك
αθλητικά παπούτσια

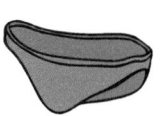

سۆلك
σανδάλια

سۆل
παπούτσια

پۆتینا چەرمئن
γαλότσες

يانتة لع رگ رگ
εσώρουχο

دەرسمر بەند
σουτιέν

چمكبەند
φανέλα

جمندمك

σώμα

پانتۆل

παντελόνι

ژ مانس

τζιν παντελόνι

دامان

φούστα

كراس

μπλούζα

كراس

πουκάμισο

فانیۆله

πουλόβερ

فانیۆله

πουλόβερ

جاكێت

σακάκι

ساكۆ

μπουφάν

چاكەت

παλτό

بارانی

αδιάβροχο πανωφόρι

لەباس

κοστούμι

فیستان

φόρεμα

جلئ داوەتئ

νυφικό

چاکێت

κοστούμι

پێجامه

νυχτικό

پێجامه

πιτζάμες

ساری

σάρι

لەچک

μαντήλι

مێزەر

τουρμπάνι

هەژرام

μπούρκα

كافتان

καφτάνι

ئەبا

μουσουλμανικό ένδυμα

كنجا ناژنۆکرن

ολόσωμο μαγιό

جلكا مەلەڤانى

ανδρικό μαγιό

شۆرت

σορτς

جلا هەڤۆژكارى

αθλητική φόρμα

پێشمال

ποδιά

لەپک

γάντια

كنج - ρούχα   47

دووگمه
κουμπί

بەرچاوک
γυαλιά

بازن
βραχιόλι

گەردنی
περιδέραιο

گوستیل
δαχτυλίδι

گوهارک
σκουλαρίκι

دەشک
καπέλο

هلاقستمک
κρεμάστρα

کووم
καπέλο

کراوات
γραβάτα

زیپ
φερμουάρ

سەرپاریز
κράνος

دەرزی
τιράντες

کنجا دبستانی
μαθητική στολή

یوونیفۆرم
στολή

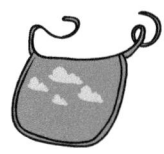

بەردلک

σαλιάρα

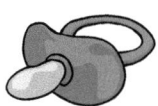

مەمک

πιπίλα

پونداخ

πάνα

ئۆفیس

γραφείο

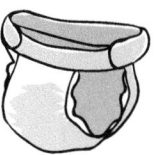

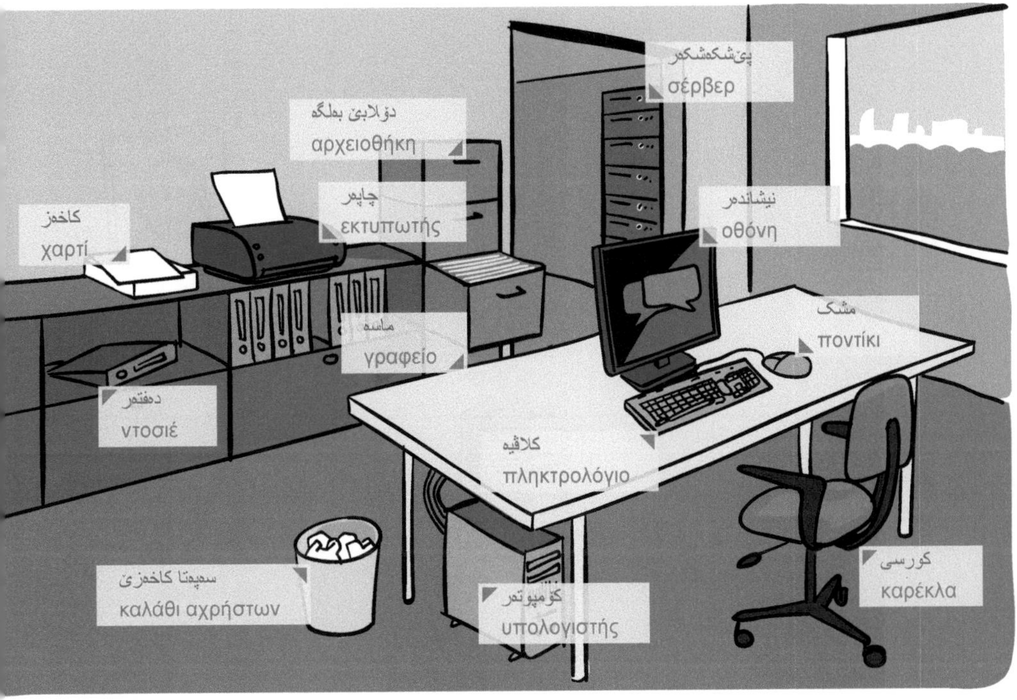

پێشکەشکەر
σέρβερ
دۆلابێ بەلگە
αρχειοθήκη
کاخەز
χαρτί
چاپەر
εκτυπωτής
نیشاندەر
οθόνη
ماسە
γραφείο
مشک
ποντίκι
دەفتەر
ντοσιέ
کلاڤیە
πληκτρολόγιο
سەپەتا کاخەزێ
καλάθι αχρήστων
کۆمپوتەر
υπολογιστής
کورسی
καρέκλα

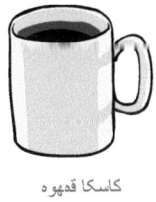

کاسکا قەهوە

κούπα του καφέ

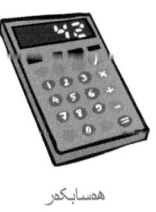

هەسابکەر

κομπιουτεράκι

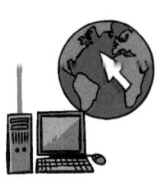

ئینتەرنەت

ίντερνετ

كۆمپیوتەرا لاپتۆپ

λάπτοπ

نامه

γράμμα

پەیام

μήνυμα

تەلەفۆنا مۆبیل

κινητό

تۆر

δίκτυο

مەکینا فۆتۆکۆپیی

φωτοτυπικό μηχάνημα

سۆفتوارە

λογισμικό

تەلەفۆن

τηλέφωνο

سۆجکەمتا فیشمک

πρίζα

مەکینا فاخنێ

συσκευή φαξ

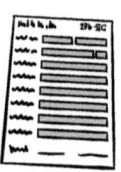

فۆرم

έντυπο

بەلگە

έγγραφο

كرين

αγοράζω

پەرە دان

πληρώνω

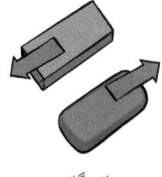

بازرگانى

συναλλάσσομαι

پەرە

χρήματα

دۆلار

δολάριο

يۆرۆ

ευρώ

يەنئ ژاپۆنێ

γιεν

رۆبلئ رووسى

ρούβλι

فرانكئ سويسئ

ελβετικό φράγκο

يوانئ چينئ

ρενμίνμπι γιουάν

روووپئ هندى

ρουπία

ممكينا ژخۆمبمرا دراڤ

ΑΤΜ (αυτόματη ταμειακή μηχανή)

نۆفیسا پەرە قمگۆهارتنێ
انتاللاكτήρια
συναλλάγματος

زێڕ
χρυσός

زیڤ
ασήμι

نەفت
πετρέλαιο

وزە
ενέργεια

بها
τιμή

پەیمان
συμβόλαιο

باخ
φόρος

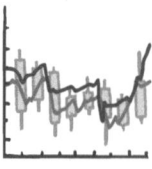

سەهام
μετοχή

كاركرن
δουλεύω

كاركەر
υπάλληλος

كاردا
εργοδότης

فابریكا
εργοστάσιο

دكان
κατάστημα

پرۆفەسیۆن

επαγγέλματα

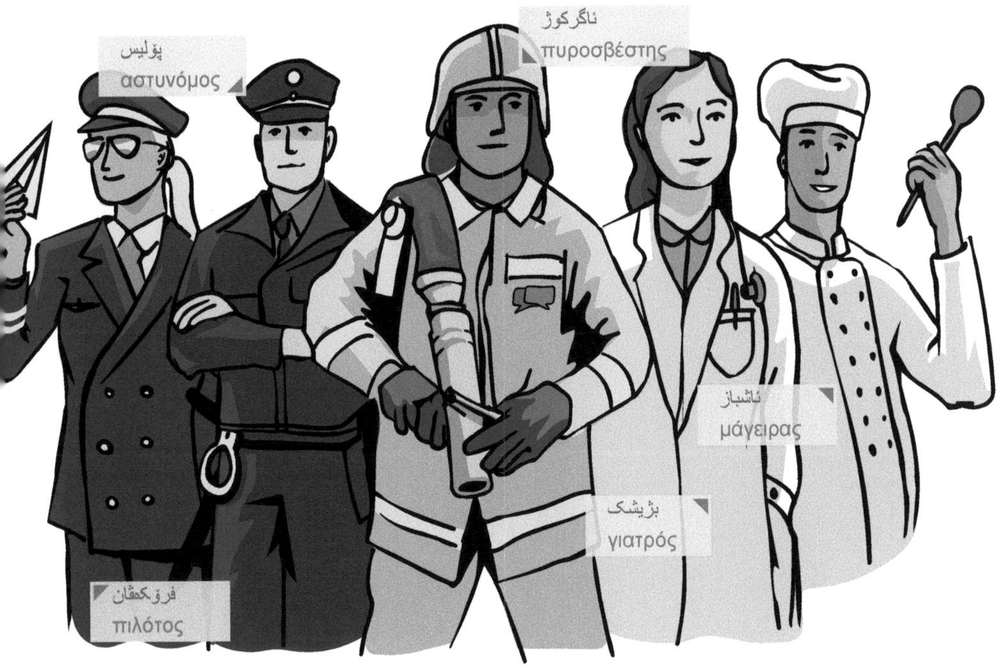
پۆلیس
αστυνόμος
ئاگرکوژ
πυροσβέστης
ئاشباز
μάγειρας
بژیشک
γιατρός
فرۆکەڤان
πιλότος

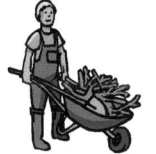

باخچەڤان

κηπουρός

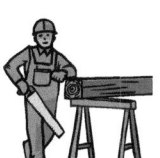

نەجار

ξυλουργός

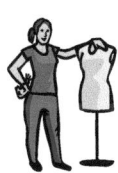

دروونڤان

μοδίστρα

هاکم

δικαστής

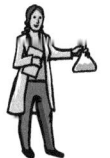

شیمیازان

χημικός

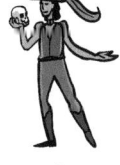

شانۆگەر

ηθοποιός

شوفێری باسێ
....
οδηγός λεωφορείου

شوفێرمکی تاکسیی
....
ταξιτζής

ماسیڤان
....
ψαράς

پاگژکەر
....
καθαρίστρια

چێنکری بانی
....
τεχνίτης στεγών

بەرکار
....
σερβιτόρος

نێچرڤان
....
κυνηγός

رەنگرێس
....
ζωγράφος

نانپێژ
....
αρτοποιός

کارەباڤان
....
ηλεκτρολόγος

ناڤاکەر
....
οικοδόμος

ئەمندەزیار
....
μηχανολόγος

قەساب
....
κρεοπώλης

لوولەمکار
....
υδραυλικός

پۆستەڤان
....
ταχυδρόμος

نمسکەر
στρατιώτης

میمار
αρχιτέκτονας

درافگر
ταμίας

فرۆتکارا چیچەکان
ανθοπώλης

پۆرچیکەر
κομμωτής

ناژوۆان
ελεγκτής εισιτηρίων

مەکانیک
μηχανικός

کەشتیڤان
καπετάνιος

پزیشکا ددانان
οδοντίατρος

زانستیار
επιστήμονας

رووهان
ραβίνος

ئیمام
ιμάμης

کەشە
μοναχός

کەشیسّ
ιερέας

ئامووران

εργαλεία

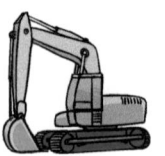

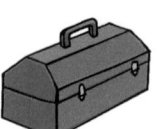

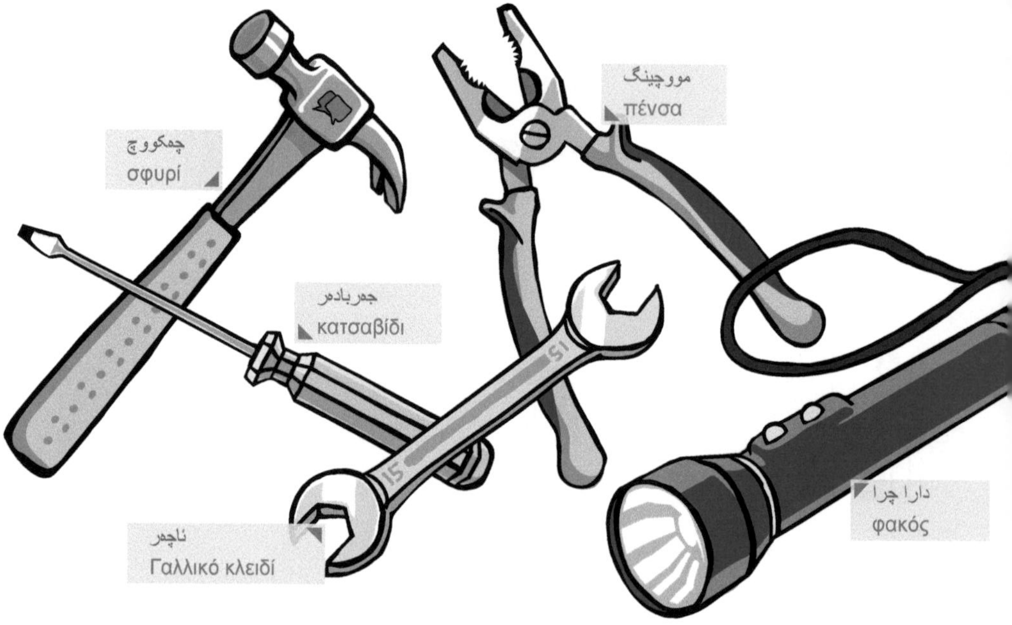

چەکووچ
σφυρί
مووچینگ
πένσα
جەربادەر
κατσαβίδι
ئاچەر
Γαλλικό κλειδί
دارا چرا
φακός

شۆفەل

εκσκαφέας

قووتیا ئامووران

εργαλειοθήκη

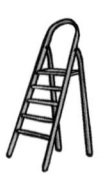

پەیژە

σκάλα

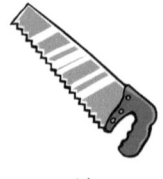

مشار

πριόνι

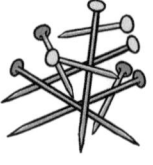

میخ

καρφιά

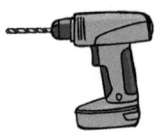

قولکرن

τρυπάνι

چۆنکرن
επισκευάζω

مەربێر
φτυάρι

نالەت!
Να πάρει!

بێڵ
φαράσι

قوونیا رەنگێ
δοχείο χρωμάτων

جمر
βίδες

ئامووریێن مووزیکێ

μουσικά όργανα

بلیندگۆ
μεγάφωνο

كۆمێ دەهۆل
ντραμς

گیتار
κιθάρα

جۆرمیا گیتار
κοντραμπάσο

زرنا
τρομπέτα

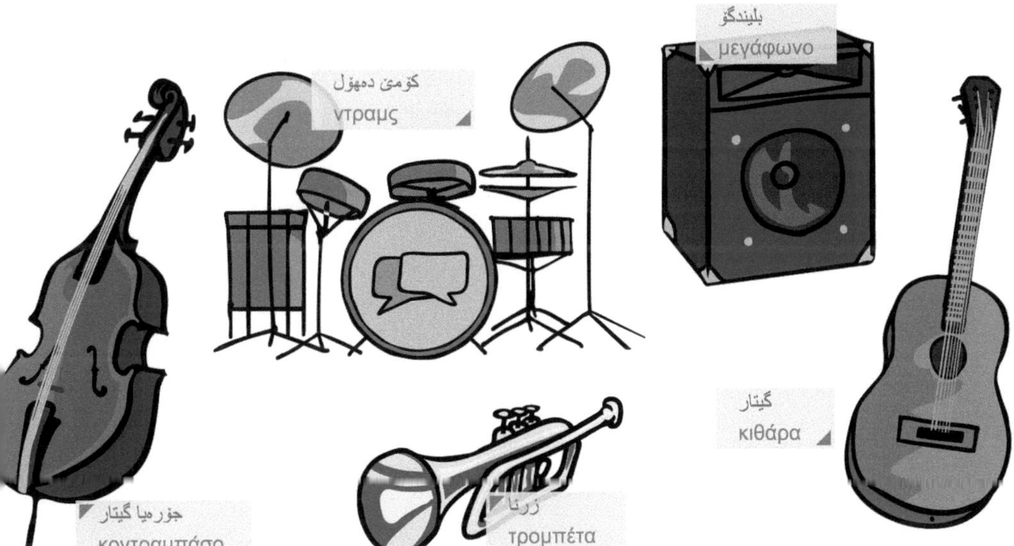

پیانو

πιάνο

فیۆلین

βιολί

باس

μπάσο

دهۆڵ

τύμπανα

داهۆڵ

τύμπανο

کیبۆرد

πλήκτρα

ساکسۆفۆن

σαξόφωνο

بلوور

φλάουτο

میکرۆفۆن

μικρόφωνο

باخچا هەیوانان

ζωολογικός κήπος

zoo
ناڤدەر
είσοδος
پلنگ
τίγρης
قەفەس
κλουβί
کەرێ چیا
ζέβρα
خوارنا هەیوان
ζωοτροφή
پاندا
πάντα

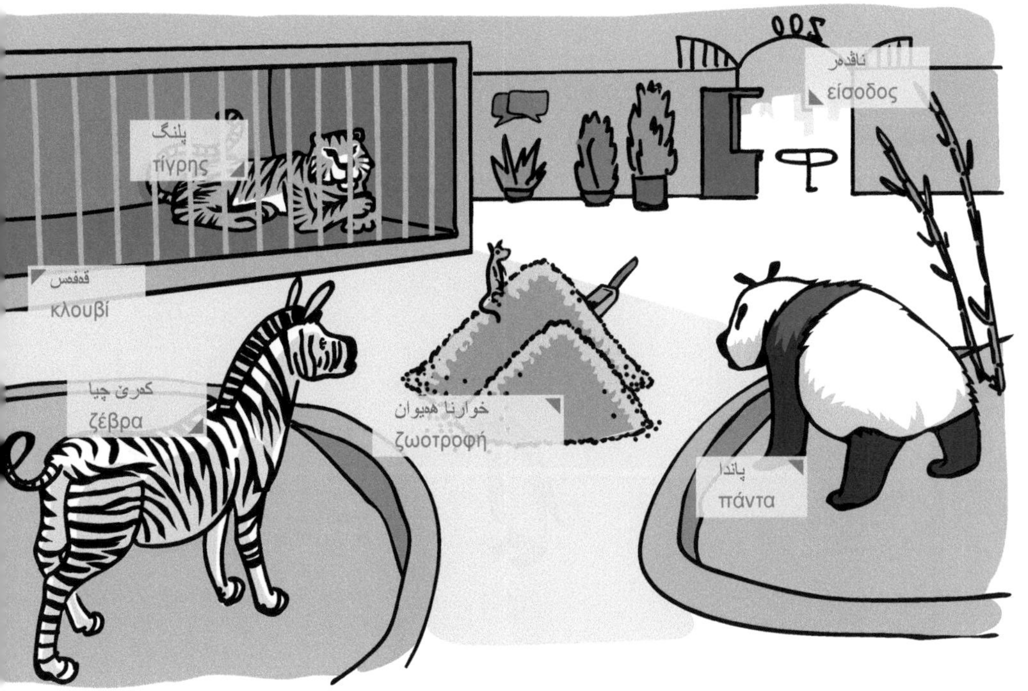

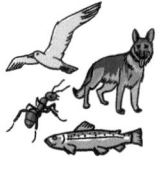

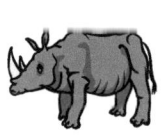

هەیوان

ζώα

فیل

ελέφαντας

کانگاروو

καγκουρό

کەرکەدەن

ρινόκερος

گۆریل

γορίλας

هرچ

αρκούδα

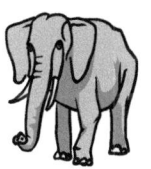

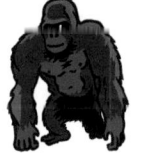

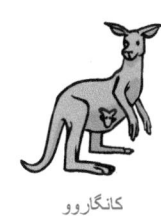

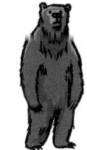

هێشتر

καμήλα

هێنشترمه

στρουθοκάμηλος

شێر

λιοντάρι

مەیموون

πίθηκος

فلامینگۆ

φλαμίνγκο

پاپاخان

παπαγάλος

هرچا جەمسەری

πολική αρκούδα

پەنگوین

πιγκουίνος

سەماسی

καρχαρίας

تاووس

παγώνι

مار

φίδι

تمساح

κροκόδειλος

پاریزەرا باخچا ئاژەلان

φύλακας ζωολογικού κήπου

سەمیا دەریا

φώκια

پلنگ

τζάγκουαρ

باخچا هەیوانان - ζωολογικός κήπος

هەسپ
πόνυ

پلنگ
λεοπάρδαλη

هەسپێ رووبار
ιπποπόταμος

جانهی شتر
καμηλοπάρδαλη

هەڵۆ
αετός

بەرازێ کێوی
αγριογούρουνο

ماسی
ψάρι

کووسی
χελώνα

والراس
θαλάσσιος ίππος

رۆڤی
αλεπού

خەزال
γαζέλα

فووتبۆلێ نامریکا
Αμερικάνικο ποδόσφαιρο

بسكلێتان
ποδηλασία

تەنیس
αντισφαίριση

باسکێتبۆل
μπάσκετ

ناوکردن
κολύμβηση

بۆکسینگ
πυγχαμία

هۆکەیا سەر جەمەدی
χόκεϋ επί πάγου

فووتبۆل
ποδόσφαιρο

بادمنتۆن
μπάντμιντον

یێ ناتلەتیزمی
στίβος

هەندبۆل
χάντμπολ

بەفراژۆتن
σκι

پۆلۆ
πόλο

پلێمکه
πηδάω

هەمبێز
αγκαλιάζω

کەنین
γελάω

لاوژە گوتن
τραγουδάω

بڕۆمەچوون
περπατάω

نوێژ کرن
προσεύχομαι

ماچکرن
φιλάω

خەون دیتن
ονειρεύομαι

نڤیساندن
γράφω

نیگار کێشان
σχεδιάζω

نیشان دان
δείχνω

پاڵدان
πιέζω

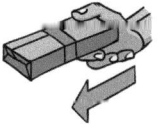

دایین
δίνω

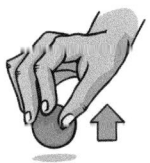

راکرن
παίρνω

همبين

έχω

کرن

κάνω

بوون

είμαι

سمکنین

στέκομαι

بازدان

τρέχω

کشاندن

τραβάω

ناڤۆتن

ρίχνω

کمتن

πέφτω

دەرمو کرن

ξαπλώνω

سمکنین

περιμένω

گوهیزتن

κουβαλώ

روونشتن

κάθομαι

جل بەرکرن

φοράω

رازان

κοιμάμαι

رابوون

ξυπνάω

مێزه‌ کرن

κοιτάω

گرین

κλαίω

جهلته

χαϊδεύω

شه‌ کرن

χτενίζω

پەیڤین

μιλάω

فامکرن

καταλαβαίνω

پرسکرن

ρωτάω

بهیستن

ακούω

قمخوارن

πίνω

خوارن

τρώω

کۆم کرن

συγυρίζω

هەزکرن

αγαπάω

خوارن چێکرن

μαγειρεύω

ئاژۆتن

οδηγώ

فرین

πετάω

كشتىڭانى
....
κάνω ιστιοπλοΐα

همسباندن
....
υπολογίζω

خواندن
....
διαβάζω

هينبوون
....
μαθαίνω

كاركرن
....
δουλεύω

زهوجين
....
παντρεύομαι

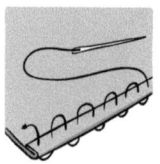

درووتن
....
ράβω

ددان شووتن
....
βουρτσίζω τα δόντια

كوشتن
....
σκοτώνω

دووخان
....
καπνίζω

شاندن
....
στέλνω

مالبات

οικογένεια

داپیر
γιαγιά
باپیر
παππούς
باڤ
πατέρας
دێ
μητέρα
بەبەک
μωρό
کەچ
κόρη
کور
γιος

مێڤان

καλεσμένος

مەت

θεία

ئاپ/خال

θείος

برا

αδελφός

خوشل

αδελφή

بەدەن

σώμα

ئەنی
μέτωπο
چاڤ
μάτι
ڕوو
πρόσωπο
زەنی
πιγούνι
سینگ
στήθος
تلی
δάχτυλο
دەست
χέρι
پیل
βραχίονας
مل
ώμος
لنگ
πόδι

بەبەک

μωρό

مێڕ

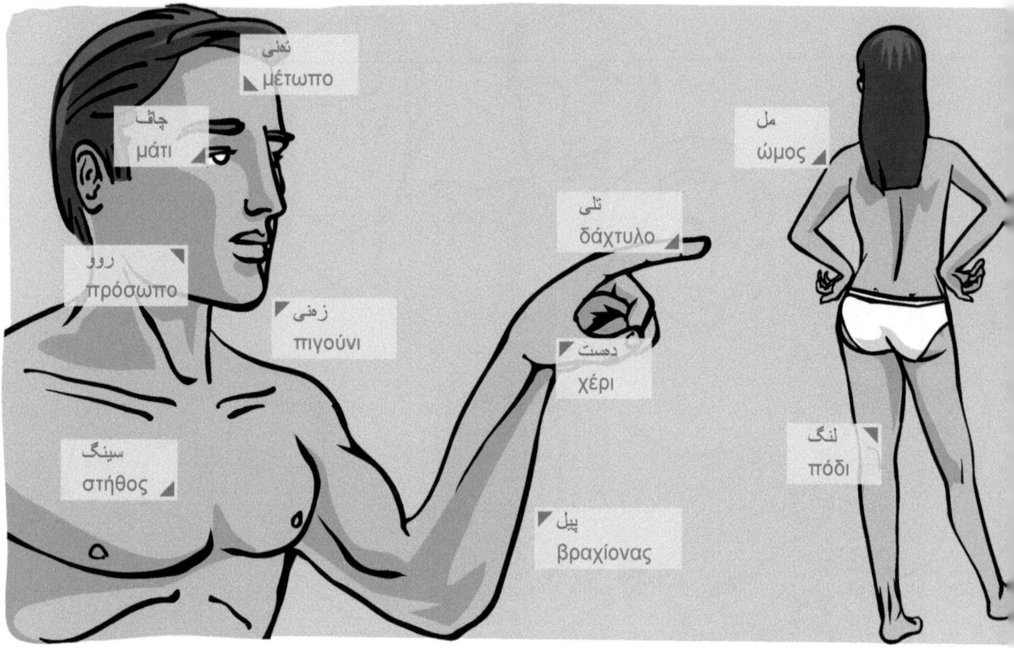

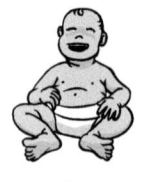

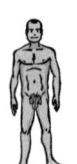

άνδρας

ژن

γυναίκα

کەچ

κορίτσι

کۆر

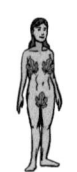

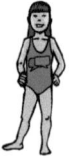

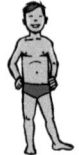

αγόρι

سەر

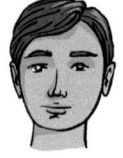

κεφάλι

پشت

πλάτη

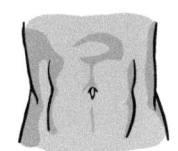

زک

κοιλιά

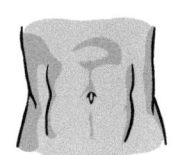

ناڤک

αφαλός

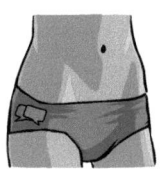

تلییا پی

δάχτυλο ποδιού

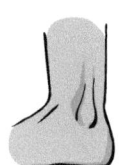

پانی

φτέρνα

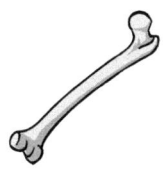

ھەستی

κόκκαλο

کوولیمەک

γοφός

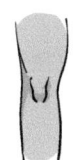

ژوونی

γόνατο

نەمیشک

αγκώνας

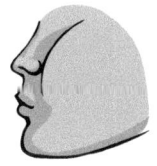

دفن

μύτη

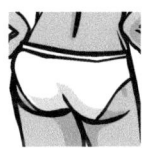

قوون

γλουτός

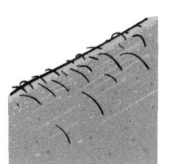

چەرم

δέρμα

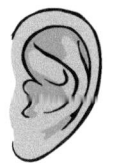

روو

μάγουλο

گووھ

αυτί

لێڤ

χείλος

دەف

στόμα

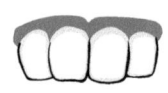

دران

δόντι

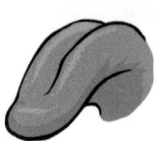

زمان

γλώσσα

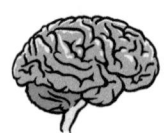

مێژی

εγκέφαλος

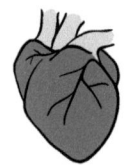

دل

καρδιά

ماسوول

μυς

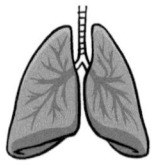

جیگەرا سپی

πνεύμονας

جگەر

συκώτι

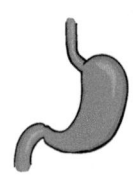

ماده

στομάχι

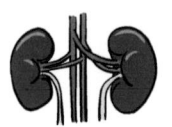

گوورچکان

νεφρά

جۆتبوون

σεξουαλική επαφή

کۆندۆم

προφυλακτικό

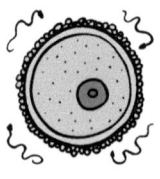

هێنک

ωάριο

تۆڤ

σπέρμα

دووجانی

εγκυμοσύνη

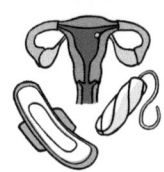

ناده

περίοδος

قووز

γυναικείος κόλπος

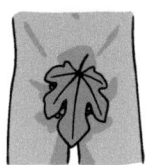

كير

πέος

برور

φρύδι

پۆر

μαλλιά

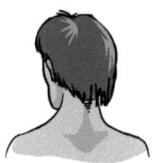

هووستوو

λαιμός

نەخۆشخانە

νοσοκομείο

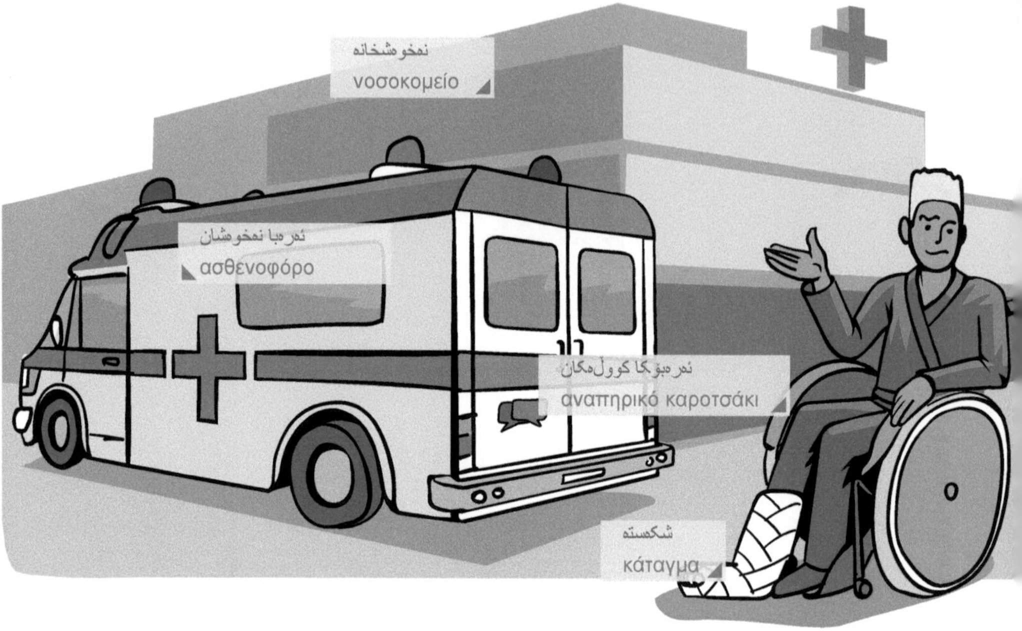

نەخۆشخانە
νοσοκομείο
ئەرەبا نەخۆشان
ασθενοφόρο
ئەرەبۆکا کووڵەکان
αναπηρικό καροτσάκι
شکەستە
κάταγμα

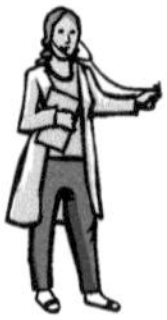

بژیشک

γιατρός

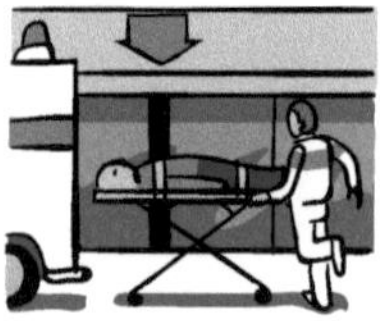

ئۆدا لەزگینێ

μονάδα εντατικής θεραπείας

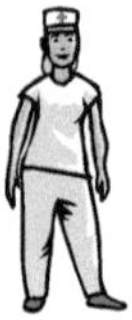

نەخۆشیار

νοσοκόμα

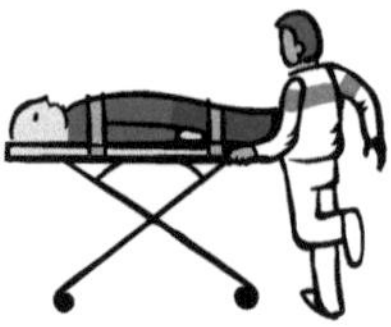

ئاجیلییەت

έκτακτη ανάγκη

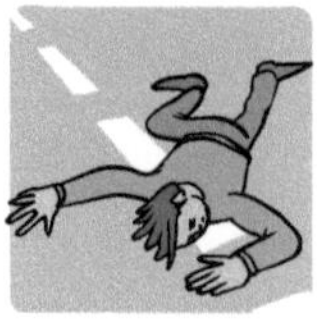

بێهای

λιπόθυμος

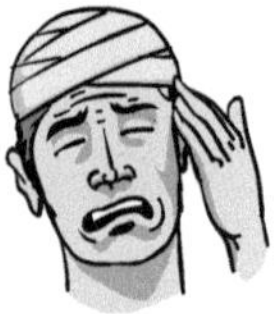

ئێش

πόνος

برين

τραύμα

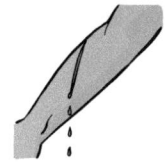

خوێنڕان

αιμορραγία

هێرشا دلی

έμφραγμα

جەڵتە

εγκεφαλικό

ئالەرژی

αλλεργία

کوخک

βήχας

تا

πυρετός

زکام

γρίπη

ناڤچووین

διάρροια

سەرێش

πονοκέφαλος

قانسێر

καρκίνος

نەخۆشیا شەکری

διαβήτης

ئەمەلیکار

χειρουργός

سکاڵپێل

νυστέρι

ئەمەلی

εγχείρηση

جت

αξονική τομογραφία

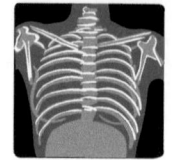

سوورەتی رۆنتگێن

ακτινογραφία

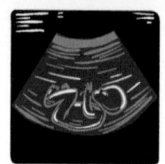

ئوولتراساوند

υπέρηχος

ماسکی ڕوویی

μάσκα

نەخۆشی

ασθένεια

ژووری سەمکینینی

αίθουσα αναμονής

گۆچان

πατερίτσα

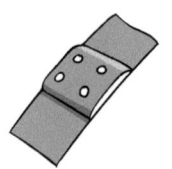

شریل

χάνσαπλαστ

پاچی برینی-جانی

επίδεσμος

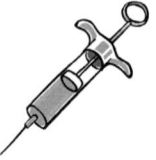

دەرزی

ένεση

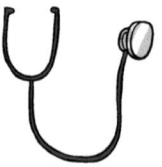

بیستۆکا پزیشکی

στηθοσκόπιο

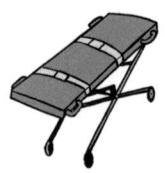

داربەست

φορείο

تێهنپیفا کلینیکی

θερμόμετρο

زایین

γέννηση

قەلەو

υπέρβαρο

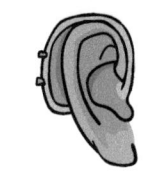

ناليكاريا بهيستنى
ακουστικό βαρηκοΐας

باكتەريكوژ
αντισηπτικό

كۆزتيبوون
λοίμωξη

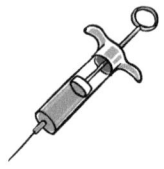

ڤيرووس
ιός

هڤ / نادس
HIV/AIDS

دەرمان
φάρμακο

كوتان
εμβολιασμός

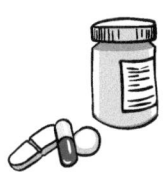

هەدبان
δισκία

هەب
χάπι

لمزگين
λήση έκτακτης ανάγκης

ديمەندەرى پەستوّ خوين
πιεσόμετρο αίματος

نەمخوەش / ساخ
άρρωστος / υγιής

έκτακτη ανάγκη

همدەم!
....
Βοήθεια!

ئالارم
....
συναγερμός

ئوزرىش
....
βιαιοπραγία

ئوزرىشكرن
....
επίθεση

تالووك
....
κίνδυνος

دەركىتنا ناجل
....
έξοδος κινδύνου

ناگر!
....
Φωτιά!

ناگر قەمراندنى
....
πυροσβεστήρας

قەزا
....
ατύχημα

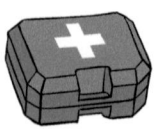

نالەتوين ناليكاريا يەكەم
....
κουτί πρώτων βοηθειών

سۆس
....
SOS

پۆليس
....
αστυνομία

ﺋﻩﻭﺭﯙﭘﺎ

Ευρώπη

ﻧﺎﻣﻩﺭﯾﮑﺎﯾﺎ ﺑﺎﮐﻮﻭﺭ

Βόρεια Αμερική

ﻧﺎﻣﻩﺭﯾﮑﺎﯾﺎ ﺑﺎﺷﻮﻭﺭ

Νότια Αμερική

ﺋﺎﻓﺮﯾﮑﺎ

Αφρική

ﻧﺎﺳﯿﺎ

Ασία

ﻧﺎﻭﻭﺳﺘﺮﺍﻟﯿﺎ

Αυστραλία

ﻧﺎﺗﻼﻧﺘﯿﮏ

Ατλαντικός Ωκεανός

ﺋﯚﮐﯿﺎﻧﻮﻭﺳﺎ ﻣﻩﺯﻥ

Ειρηνικός Ωκεανός

ﺋﯚﮐﯿﺎﻧﻮﻭﺳﺎ ﻫﻨﺪﯼ

Ινδικός Ωκεανός

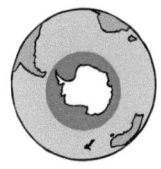

ﺋﯚﮐﯿﺎﻧﻮﻭﺳﺎ ﻧﺎﻧﺘﺎﺭﮐﺘﯿﮑﺎ

Ανταρκτικός Ωκεανός

ﺋﯚﮐﯿﺎﻧﻮﻭﺳﺎ ﻧﺎﺭﮐﺘﯿﮏ

Αρκτικός Ωκεανός

ﺟﻩﻣﺴﻩﺭﺍ ﺑﺎﮐﻮﻭﺭ

Βόρειος Πόλος

جممسمرا باشوور
....
Νότιος Πόλος

نانتارکتیکا
....
Ανταρκτική

نُەرد
....
Γη

ناخ
....
γη

بەھر
....
θάλασσα

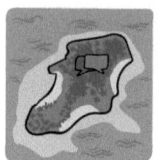

دوورگە
....
νησί

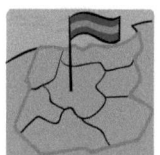

مِڵمت
....
έθνος

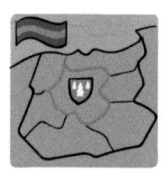

وڵات
....
πολιτεία

رووی ساعت
كانتراν ρολογιού

نشاندهركا دهمژ مویر
ωροδείκτης

نشاندهركا دهقه
λεπτοδείκτης

نشاندهركا سانیه
δείκτης δευτερολέπτων

سویت چمنده؟
Τι ώρα είναι;

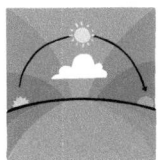

رۆژ
ημέρα

دهم
χρόνος

نها
τώρα

ساعتی دجیتال
ψηφιακό ρολόι

دهقه
λεπτό

سویت
ώρα

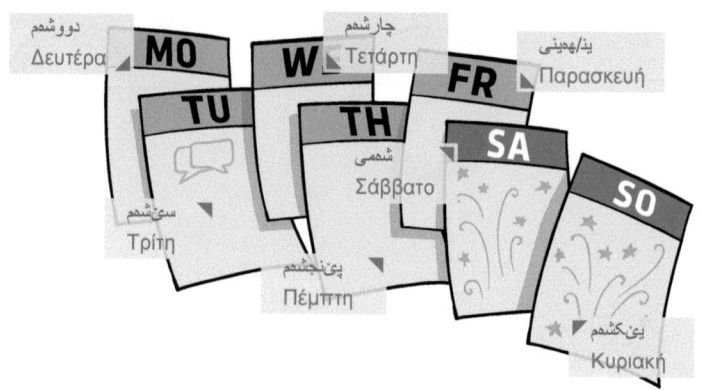

دووشەم Δευτέρα
چوارشەم Τετάρτη
یەد/هەینی Παρασκευή
سێشەم Τρίτη
شەمی Σάββατο
پێنجشەم Πέμπτη
یەکشەم Κυριακή

دوه
....
χθες

ئێرۆ
....
σήμερα

سبەی
....
αύριο

سبە
....
πρωί

نیۆرۆ
....
μεσημέρι

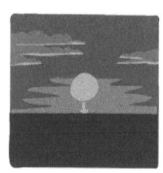

ئێوارە
....
βράδυ

MO	TU	WE	TH	FR	SA	SU
1	2	3	4	5	6	7
8	9	10	11	12	13	14
15	16	17	18	19	20	21
22	23	24	25	26	27	28
29	30	31	1	2	3	4

رۆژەکانی کاری
....
εργάσιμες ημέρες

MO	TU	WE	TH	FR	SA	SU
1	2	3	4	5	6	7
8	9	10	11	12	13	14
15	16	17	18	19	20	21
22	23	24	25	26	27	28
29	30	31	1	2	3	4

داویا هەفتە
....
Σαββατοκύριακο

باران
βροχή

کسکمسؤر
ουράνιο τόξο

بحفر
χιόνι

با
άνεμος

بهار
άνοιξη

پاییز
φθινόπωρο

هاڤین
καλοκαίρι

زڤستان
χειμώνας

4.APRIL	11°	☀
5.APRIL	4°	☁
6.APRIL	13°	☂
7.APRIL	8°	❄
8.APRIL	10°	☀

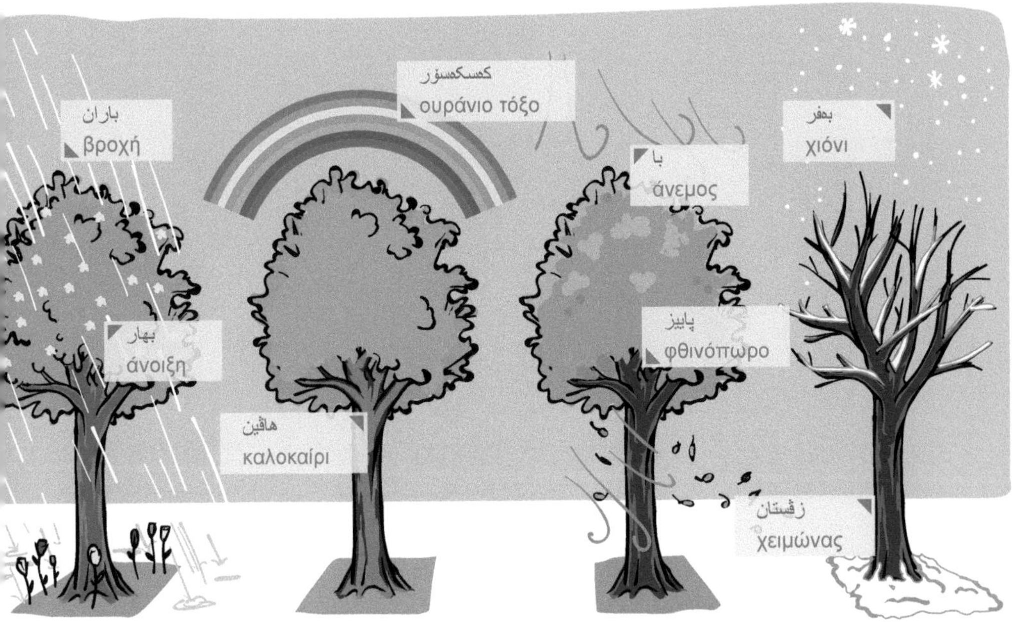

پێشبینیا هەوا
πρόγνωση καιρού

تەهنیبڤ
θερμόμετρο

تاڤ
λιακάδα

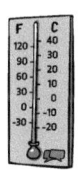

هەور
σύννεφο

مژ
ομίχλη

هەۆمی
υγρασία

برق

αστραπή

برووسک

κεραυνός

توفان

καταιγίδα

تہرگ

χαλάζι

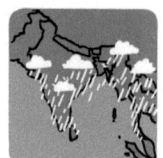

مانسوون

μουσώνας

لہہی

πλημμύρα

جمہد

πάγος

رئیمندان

Ιανουάριος

رشہمہ

Φεβρουάριος

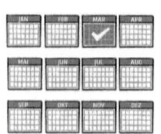

نەورۆز

Μάρτιος

گۆلان

Απρίλιος

جۆزەردان

Μάιος

پووشپہر

Ιούνιος

گەلاوێژ

Ιούλιος

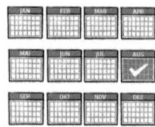

خەرمانان

Αύγουστος

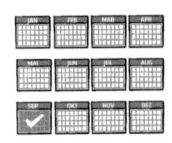

رەزبەر
....
Σεπτέμβριος

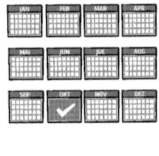

كەوچۆر
....
Οκτώβριος

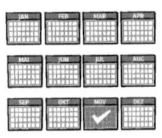

سەرماوەز
....
Νοέμβριος

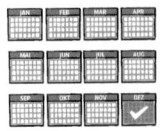

بەفرانبار
....
Δεκέμβριος

چەمبەر
....
κύκλος

چارچک
....
τετράγωνο

چارقوزی
....
ορθογώνιο
παραλληλόγραμμο

سێقوزی
....
τρίγωνο

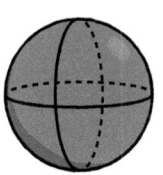

قادا
....
σφαίρα

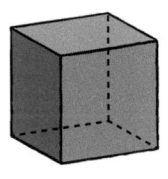

خشتەمک
....
κύβυς

سپی
....
áσπρο

زەرد
....
κίτρινο

پرتەقاڵی
....
πορτοκαλί

پەمبە
....
ροζ

سوور
....
κόκκινο

مۆر
....
μωβ

شین
....
μπλε

کەسک
....
πράσινο

قەهوەیی
....
καφέ

گەور
....
γκρι

رەش
....
μαύρο

زۆر / کەم

πολύ / λίγο

ب هێزرس / بێدەنگ

θυμωμένος / ήρεμος

بەدەو / نەرند

όμορφος / άσχημος

دەستپێک / داوی

αρχή / τέλος

مەزن / بچووک

μεγάλος / μικρός

رۆنی / تاری

φωτεινός / σκοτεινός

براک / خوشک

αδελφός / αδελφή

پاگژ / گرێژ

καθαρός / λερωμένος

تەقشى / نەتەمام

πλήρης / ατελής

رۆژ / شەڤ

ημέρα / νύχτα

مری / زندی

νεκρός / ζωντανός

فرە / تەنگ

ψυρδύς / **στενός**

خوشمزه / نخوشمزه

βρώσιμος / μη βρώσιμος

نمباش / باش

κακός / ευγενικός

ب هيمجان / ناجز

ενθουσιασμένος /
βαριεστημένος

قلمو / زراف

παχύς / λεπτός

يمکممين / داوين

πρώτος / τελευταίος

هفٹال / دژمن

φίλος / εχθρός

تژی / قالا

γεμάτος / άδειος

رمق / نرمر

σκληρός / μαλακός

گران / سفک

βαρύς / ελαφρύς

برچی / تینی

πείνα / δίψα

نمخوموش / ساخ

άρρωστος / υγιής

نمقانوونی / قانوونی

παράνομος / νόμιμος

رهوشمنبیر / بالوولھ

έξυπνος / χαζός

چپ / راست

αριστερός / δεξιός

نغزی / دوور

κοντινός / μακρινός

نوو / بکارهاتی

καινούριος /
μεταχειρισμένος

هیچ / نۆشتمک

τίποτα / κάτι

کال / جوان

γέρος | νέος

ل / ژ

αναμμένος / σβηστός

قهمکری / گرتی

ανοιχτός / κλειστός

نارام / دهنگبلند

χαμηλόφωνος /
μεγαλόφωνος

دهولهمهند / رهبن

πλούσιος / φτωχός

راست / شاش

σωστός / λανθασμένος

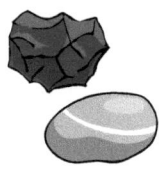

دڕ / هلوو

τραχύς / λείος

خهمگین / شا

υπημένος / χαρούμενος

کورت / درێژ

κοντός / μακρύς

هێدی / زوو

αργός / γρήγορος

شل / زوا

υγρός / στεγνός

گهرم / هێننک

ζεστός / δροσερός

شهر / ناشتی

πόλεμος / ειρήνη

هەژمار ان
αριθμοί

0
سفر
μηδέν

1
یەک
ένα

2
دوو
δύο

3
سێ
τρία

4
چار
τέσσερα

5
پێنج
πέντε

6
شەش
έξι

7
حەفت
εφτά

8
هەشت
οκτώ

9
نۆ
εννιά

10
دە
δέκα

11
یازده
έντεκα

12

دازده

δώδεκα

13

سیزده

δεκατρία

14

چارده

δεκατέσσερα

15

پازده

δεκαπέντε

16

شازده

δεκαέξι

17

هڤده

δεκαεφτά

18

هژده

δεκαοκτώ

19

نۆزده‌ه

δεκαεννέα

20

بیست

είκοσι

100

سه‌د

εκατό

1.000

هه‌زار

χίλια

1.000.000

ملیۆن

εκατομμύριο

نينگليزى

Αγγλικά

ننگليزيا نامريكى

Αμερικάνικα Αγγλικά

چينى ماندارين

Μανδαρίνικα Κινέζικα

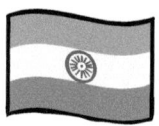

هيئندى

Χίντι

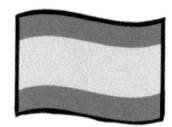

ئيسپانيۆلى

Ισπανικά

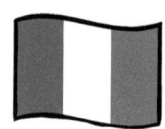

فرەنسى

Γαλλικά

ئەرەبى

Αραβικά

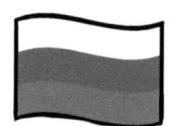

رووسى

Ρώσικα

پۆرتوگالى

Πορτογαλικά

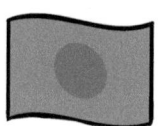

بەنگالى

Μπενγκάλι

ئەلمانى

Γερμανικά

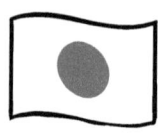

ژاپۆنى

Ιαπωνικά

من

εγώ

تو

εσύ

ئەو / ئەڤ / ئەو

αυτός / αυτή / αυτό

ئەم

εμείς

تو

εσείς

ئەو

αυτοί / αυτές / αυτά

کێ؟

ποιος / ποια / ποιο;

چ؟

τι;

چاوا؟

πώς;

کێدەرێ؟

πού;

کەنگی؟

πότε;

ناڤ

όνομα

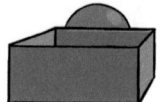

پشتی
πίσω

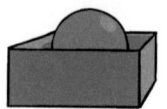

μέσα

پێشی
μπροστά

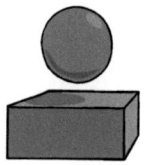

سەر
πάνω από

سەر
πάνω

بن
κάτω

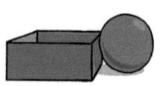

کێلمک
δίπλα

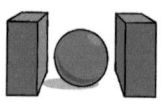

ناڤبەر
ανάμεσα

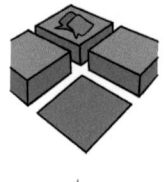

جه
μέρος